Tradiciones culturales en

Rusia

Molly Aloian

Traducción de
Paulina Najar-
Petersen

Crabtree Publishing
crabtreebooks.com

Crabtree Publishing

crabtreebooks.com   800-387-7650

Copyright © 2024 Crabtree Publishing

Author: Molly Aloian
Publishing plan research and development:
    Sean Charlebois, Reagan Miller
    Crabtree Publishing Company
Project coordinator: Kathy Middleton
Editor: Crystal Sikkens
Proofreader: Kathy Middleton
Translation to Spanish: Paulina Najar-Petersen
Spanish-language copyediting and proofreading: Base Tres
Photo research: Allison Napier, Crystal Sikkens
Design: Margaret Amy Salter
Production coordinator: Margaret Amy Salter
Prepress technician: Margaret Amy Salter
Print coordinator & Cover design: Katherine Kantor

Cover: St. Basil's Cathedral in Moscow (top); Russian Easter cake (bottom center); scarecrow decoration for the celebration of Shrovetide (middle left); Russian girl in traditional clothing with Easter eggs (middle right); hand-painted Easter eggs (bottom left); a matryoshka, or Russian nesting doll set (bottom right)

Title page: Russian women eating pancakes during Shrovetide

**Published in Canada
Crabtree Publishing**
616 Welland Avenue
St. Catharines, Ontario
L2M 5V6

**Published in the United
States Crabtree Publishing**
347 Fifth Avenue
Suite 1402-145
New York, NY 10016

Paperback   978-1-0396-4424-3
Ebook (pdf) 978-1-0396-4384-0

Printed in Canada/122023/CP20231206

ÍNDICE

Bienvenido a Rusia

Rusia es el país más grande del mundo. Es casi dos veces más grande que Estados Unidos. Rusia es tan grande que forma parte de dos continentes: Europa y Asia. Tiene una gran variedad de entornos y climas, y su geografía es tan diversa que tiene desde llanuras o terrenos muy planos hasta altas montañas. Más de 139 millones de personas viven en Rusia. La mayoría vive en la parte del continente europeo, alrededor de la capital del país, Moscú.

¿Sabías qué?
Moscú es la ciudad más grande de Rusia. Más de 10 millones de personas viven ahí.

Tradiciones culturales como festivales, fiestas y costumbres son celebrados cada año por mucha gente. Durante el año, los rusos celebran distintas tradiciones como cumpleaños, graduaciones, bodas, Navidad y muchos otros eventos. También celebran días y eventos especiales que son únicos de su cultura.

Algunas tradiciones celebran los días importantes de la historia rusa. Otras son celebraciones religiosas como la de la Pascua en Moscú.

¡Feliz Año Nuevo!

El Año Nuevo se celebra de manera muy especial en Rusia porque es un momento para celebrar nuevos comienzos. Como en muchos otros países, en Rusia se celebra el Año Nuevo el 31 de diciembre y el 1 de enero. La mayoría de la gente pasa estas fechas con amigos y familiares.

En muchos lugares prenden fuegos artificiales a la media noche del 31 de diciembre.

Mucha gente en Rusia decora un árbol de Año Nuevo al que llaman *Novogodnaya Yolka*, que es muy similar al árbol navideño. Se decora con dulces y una brillante estrella en la punta del árbol. Los niños esperan ansiosos que *Ded Moroz*, o el Señor de la Nieve, y su nieta *Snegurochka* pongan los regalos de Año Nuevo bajo el árbol.

¿Sabías qué?
En Año Nuevo se sirve una ensalada Olivier, o ensalada rusa, un platillo tradicional. Está hecha con papas, huevo, jamón y vegetales, y se mezcla con un aderezo de mayonesa.

Navidad en Rusia

El pasatiempo favorito de los rusos es el patinaje. Muchas pistas de patinaje abren durante la temporada navideña.

¿Sabías qué?
La mayoría de la gente en Rusia es de religión ortodoxa cristiana. La iglesia ortodoxa sigue el calendario Juliano. Según este calendario, Navidad es el 7 de enero.

En la mayor parte de Rusia, Navidad se celebra el 7 de enero. La Navidad es parte del Festival de Invierno de Rusia. El Festival de Invierno dura 39 días. Comienza a finales de noviembre y continúa hasta la noche del 6 de enero. Durante el Festival de Invierno, la gente intercambia regalos, asiste a fiestas, patina en hielo y se pasea en unos trineos conocidos como «tobogán».

Para celebrar la Navidad, la gente va a su iglesias a rezar y cantar himnos y villancicos. En casa, familiares y amigos se reúnen para comer una cena de 12 platillos que incluye comida como el pescado, la col, la fruta deshidratada y una sopa de betabel llamada *borsch*. Uno de los platillos más tradicionales de la Navidad rusa es un plato de avena llamado *kutya*.

¿Sabías qué?
Muchas familias rusas comen *kutya* de un plato que comparten entre todos. Esto simboliza la **unión** de la familia.

Día del Defensor de la Patria

El 23 de febrero los rusos celebran en honor a los soldados que murieron, **veteranos** del ejército y oficiales activos. A este día se le conocía como Día del Ejército Soviético. Tras la caída de la **Unión Soviética** en 1991, ahora se conoce como el Día del Defensor de la Patria y se rinde homenaje a cualquiera que haya servido en la defensa del país.

A menudo, la gente pone flores en las tumbas de los soldados que murieron. También hay desfiles militares cerca de los principales **monumentos** dedicados a la guerra. Por la noche, hay espectáculos de fuegos artificiales que iluminan el cielo de las grandes ciudades.

Maslenitsa

La Maslenitsa es una fiesta rusa que se celebra durante la última semana antes de Cuaresma o la séptima semana antes de Pascua. Esta celebración también marca el final del inverno y el comienzo de la primavera. Es un momento para comer mucho, sobre todo panqueques o crepas con mantequilla, y disfrutar de otros deliciosos platillos antes de que queden prohibidos durante la Cuaresma, como la carne, los lácteos, el pescado y el huevo.

Una costumbre de la Maslenitsa es construir espantapájaros que representan el invierno; el ultimo día de las celebraciones, se quema y se despide el invierno.

Los *blinís* son panqueques o crepas rusas. Durante la semana de Maslenitsa, la gente comparte blinís con amigos y familiares. Se les pone cualquier tipo de comida encima, como caviar, champiñones, mermelada, crema agria y mantequilla.

Durante la Maslenitsa también se sirven unas galletas duras llamadas *cracknel*.

Día de la Mujer

Unos estudiantes de la Universidad Politécnica Tomsk, en Rusia, rinden homenaje a las mujeres en el Día Internacional de la Mujer.

En Rusia se celebra el Día Internacional de la Mujer el 8 de marzo de cada año. La mayoría de los bancos, oficinas, edificios y escuelas permanece cerrada. Durante este día, la gente celebra y agradece a madres, hermanas, tías y otras mujeres presentes en su vida. Honran los logros de las mujeres y celebran la **igualdad**. Rusia comenzó a celebrar el Día Internacional de la Mujer en 1913.

El Día de la Mujer,
muchos hombres
regalan flores, tarjetas
y otros pequeños regalos
a las mujeres que los rodean.
La mimosa es una flor que, en Rusia,
simboliza la celebración del Día
Internacional de la Mujer. Las mimosas
crecen en grandes arbustos que pueden
alcanzar los 10 pies (3 metros) de alto.

¿Sabías qué?
La astronauta soviética
Valentina Vladimírovna
Tereshkova fue la primera
mujer en el espacio.
Tripuló el Vostok 5, que
fue lanzado el 16 de junio
de 1963 y dio la vuelta a la
Tierra 48 veces.

Pascua

En Rusia, la Pascua se celebra en abril o en mayo. Igual que en otras partes del mundo, en Rusia celebran la Pascua con platillos tradicionales y huevos decorados. Las familias suelen ir a misa por la tarde y, al día siguiente, celebran con un desayuno de Pascua. Algunos servicios religiosos duran varias horas y pueden terminar hasta el amanecer.

¿Sabías qué?
Los cristianos creen que Jesucristo murió en una cruz el Viernes Santo y resucitó para vivir en el cielo el Domingo de Pascua.

Estas personas se dirigen hacia una iglesia en Moscú para asistir al servicio de Pascua.

La *paskha* está hecha de queso y algunos otros ingredientes, y normalmente tiene forma de pirámide.

En Pascua, los rusos organizan festines con comida tradicional en los que incluyen un pan dulce llamado *kulitsch* y un queso untable al que le llaman *paskha*. Los huevos son muy populares también, ya que se prohíbe comerlos durante la Cuaresma. Mucha gente pinta los huevos con bellos paisajes, iglesias, escenas de cuentos y otros diseños.

¿Sabías qué?
Los huevos de Pascua pintados de rojo simbolizan la sangre de Cristo.

Día de la Cosmonáutica

En Rusia se celebra el Día de la Cosmonáutica el 12 de abril. Esta fiesta celebra los logros de Rusia en la industria espacial, así como el primer vuelo espacial tripulado que despegó el 12 de abril de 1961 conducido por Yuri Gagarin. Gagarin estuvo en órbita durante una hora y 48 minutos a bordo de la nave espacial *Vostok 1*. Hoy en día, Gagarin es considerado un héroe nacional ruso y es reconocido en todo el mundo.

Una **estatua** de Yuri Gagarin en Komsomolsk del Amur, Rusia, construida para recordar sus logros.

Gente visitando el monumento a Yuri Gagarin en el Pasillo de los Cosmonautas el Día de la Cosmonáutica.

Durante los festejos del Día de la Cosmonáutica, se celebra una ceremonia muy especial en Korolyov a la que también se le llama «la cuna de la exploración espacial». La gente visita la Necrópolis de la Muralla del Kremlin, en la Plaza Roja en Moscú, para rendir homenaje a Yuri Gagarin en su tumba. Algunos, después, se dirigen al Pasillo de los Cosmonautas, en donde hay **bustos** de Yuri Gagarin y otras personas importantes que exploraron el espacio, como Sergei Korolyov y Valentina Tereshkova.

Día de la Radio

En Rusia, el Día de la Radio es el 7 de mayo. Este día, la gente celebra la invención de la radio en 1895. El 7 de mayo de 1895, un **físico** ruso llamado Aleksandr Stepánovich Popov mostró su invento a la Sociedad Rusa de Física y Química en San Petersburgo, Rusia.

El lugar (abajo) en donde Aleksandr Stepánovich Popov probó por primera vez su radiorreceptor (arriba) se encuentra en Kronstadt, Rusia.

Más de 100 años después, la radio es uno de los medios inalámbricos más populares para comunicarse alrededor del mundo, junto con la televisión, los celulares y el internet. En 2009 se develó una placa **conmemorativa** en honor a Popov en el Centro Internacional de Telecomunicaciones (CIT) en Ginebra, Suiza. La placa fue colocada en el edificio de la CIT, donde un salón de conferencias fue nombrado en honor a Popov.

El monumento en honor a Aleksandr Stepanovich Popov en Krasnoturyinsk, Rusia.

Día de la Victoria

En Rusia, el 9 de mayo es el Día de la Victoria. Esta es una de las celebraciones nacionales más importantes en Rusia. Se conmemora el día en que Alemania se rindió ante la Unión Soviética en 1945 durante la Segunda Guerra Mundial (1939–1945). La rendición de Alemania dio fin a una de las guerras más sangrientas de la historia rusa, en la que millones de rusos murieron defendiendo a su país.

Un veterano de la guerra rinde tributo a los soldados el Día de la Victoria.

Durante este día, los canales de televisión transmiten películas inspiradas en la Segunda Guerra Mundial, las generaciones más jóvenes rinden homenajes a los veteranos con claveles rojos y mucha gente coloca coronas de flores en los monumentos dedicados a la guerra. Por la noche, mucha gente se reúne en la Plaza Roja para ver los fuegos artificiales.

Miles de personas asisten a un desfile militar en la Plaza Roja de Moscú el Día de la Victoria. La mayoría de los veteranos usa sus medallas durante el desfile.

Día de Rusia

El 12 de junio se celebra el Día de Rusia, que conmemora el momento en el que Rusia declaró su independencia de la Unión Soviética. Durante este día, la gente celebra los logros **económicos** y **sociales** de Rusia. También rinden homenaje a personajes famosos rusos, como científicos, escritores y artistas. La mayoría de los bancos y escuelas permanece cerrada este día.

¿Sabías qué?
El Día de Rusia es una de las celebraciones más recientes. Fue establecido como día festivo en 1992.

Los fuegos artificiales iluminan el cielo en la noche del Día de Rusia.

Durante la celebración del Día de Rusia en 2006, alrededor de 40 000 ambientalistas marcharon por la calle principal de Moscú. Marchaban para motivar a la gente a ser más consciente de los problemas medioambientales que hay en Rusia. Mezclaban su llamado al público a la toma de conciencia con **declaraciones** de orgullo nacional.

¿Sabías qué?
En la celebración del Día de Rusia son colgados en las calles carteles en los que se lee «¡Adelante Rusia!» y «¡Gloria a Rusia!».

La gente marcha por el centro de la ciudad de Moscú el Día de Rusia en 2006.

Día de Iván Kupala

El 24 de junio del calendario Juliano se celebra el día del solsticio de verano, conocido como el Día de Iván Kupala. Hace mucho tiempo, el 24 de junio era el primer día del año, y la iglesia ortodoxa permitía a la gente bañarse y nadar en lagos y ríos. Hoy, muchos jóvenes hacen bromas como aventar agua a la gente desprevenida o participan en peleas con agua.

Un ritual del Día de Iván Kupala es que las mujeres coloquen coronas de flores en un río. El patrón que marcan las coronas mientras flotan anuncia la fortuna que tendrán en sus relaciones futuras.

Según la leyenda, la gente no debe dormir durante la noche de Iván Kupala, ya que es el momento en el que los malos espíritus, como brujas, lobos, ninfas acuáticas y duendes, están más activos. La gente prende enormes fogatas durante esta noche para protegerse de estos espíritus.

¿Sabías qué?
El Día de Iván Kupala, las chicas que no están casadas se colocan coronas de flores en la cabeza.

Día de la Unión Nacional

El 4 de noviembre de cada año, los rusos celebran la unión nacional. El Día de la Unión, la gente honra y celebra los distintos grupos étnicos y religiosos, y su sentido de solidaridad como país.

¿Sabías qué?
Un comerciante llamado Kuzmá Minin y el príncipe Dmitry Pozharsky son héroes nacionales rusos. El 4 de noviembre de 1612 defendieron a su país de la invasión polaca. En 1649, este día se convirtió en una fiesta nacional.

РАЖДАНИНУ МИНИНУ И КНЯЗЮ ПОЖАРСКОМУ
БЛАГОДАРНАЯ РОССІЯ. ЛѢТА 1818

La gente se reúne el Día de la Unión y exhibe una manta de la paz que simboliza la armonía entre los grupos étnicos de Rusia.

El pueblo ruso celebra el Día de la Unión de diferentes maneras. Algunas personas llevan flores a los monumentos de sus héroes nacionales. Políticos, religiosos y figuras públicas dan discursos haciendo énfasis en la importancia de la **tolerancia** entre etnias y grupos religiosos. Otros asisten a conciertos o eventos públicos.

Otras celebraciones

Muchas etnias rusas tienen sus propios festivales y días festivos. En el verano, los buriatos celebran Surkharban después de una cosecha abundante. Los **musulmanes** que viven en la parte asiática de Rusia celebran un festival llamado Navruz, que celebra el comienzo de la primavera. Los tártaros son un grupo étnico muy grande. Ellos celebran un festival de verano llamado Sabantuy.

Los tártaros se visten con ropa tradicional y bailan durante el Sabantuy. Muchos también venden ropa y artesanías tradicionales.

Las principales actividades durante Sabantuy incluyen competencias deportivas tradicionales como luchas, carreras de caballos, carreras de costales, escalar postes, pasarse un huevo en una cuchara de boca en boca, la carrera en tres piernas, entre otros juegos y actividades. Todas estas actividades se llevan a cabo cerca de un bosque.

¿Sabías qué?
Originalmente, los tártaros llegaron de Turquía. Hoy en día viven en muchas partes en Rusia y otros países, como Australia, Canadá, Alemania y Estados Unidos.

Glosario

bustos: Esculturas de la parte superior de las personas que incluyen el cuello y la cabeza.

conmemorativa: El acto de recordar algo; recordar u honrar la memoria de alguien.

declaraciones: Proclamaciones o anuncios públicos.

económicos: Relacionados con la producción, la distribución y el consumo de bienes y servicios.

estatua: Sirve para recordar a alguien o un lugar de interés histórico.

físico: Un científico que estudia la energía y la materia.

igualdad: El estado en el que se es igual unos con otros.

monumentos: Construcciones o esculturas que mantienen vivo el recuerdo de un suceso o una persona.

musulmanes: Personas que siguen la religión del Islam.

sociales: Relacionados a la sociedad humana.

tolerancia: Aceptar sentimientos, hábitos o creencias que son diferentes a los propios.

unión: La cualidad o el estado de ser uno en conjunto.

Unión Soviética: Un país comunista que incluía a Rusia y otras 14 repúblicas, también conocido como la URSS.

veteranos: Personas que sirvieron en las fuerzas armadas.

Índice analítico